Die unvergessene Bucket List

für Eltern oder Großeltern

222 Dinge die du mit deinem Kind/

Enkel erleben kannst

Ben Elmendorf

1. Auflage

2021

Inhaltsverzeichnis

Vorwort

Woran erinnerst du dich, wenn du an deine Kindheit denkst?

Gibt es eine Erinnerung aus deiner Kindheit, die du mit deinen Eltern geteilt hast und diese einen besonderen Platz in deinem Herzen einnimmt? War es, als es geschneit hat und ihr eine riesige Schneeballschlacht gemacht habt? Oder vielleicht die Mehlschlacht beim gemeinsamen Plätzchenbacken?

Es sind die kleinen Dinge, die im Gedächtnis bleiben, egal wie viel Zeit vergeht, denn diese Dinge haben dir Freude bereitet. Und genau diese Erinnerungen sind die, die besonders sind. Sie hinterlassen ein warmes Gefühl in deinem Herzen, egal wie klein oder wie groß diese Momente waren. Wie das erste Mal, als dein kleiner Sonnenschein dich anlächelte oder du zugesehen hast, wie dein Kind die ersten Schritte gemacht hat.

Kinder wachsen schnell und als Eltern oder Großeltern möchte man diese Zeit so gut es geht genießen, denn diese Zeit ist kostbar und leider nicht ewig. Und es ist auch das, was deinem Kind das Gefühl geben wird, geliebt und geschätzt zu werden. Kinder werden sich nicht daran erinnern, welche Filme ihr im Fernsehen gesehen habt, aber sie werden sich an die Deckenfestung erinnern, die du für sie im Wohnzimmer gebaut hast. Momente, wo etwas Lustiges und Aufregendes passiert, wo ihr etwas zusammen erlebt, das sind die Momente, die zählen und den Unterschied machen.

Wann warst du zuletzt in Kontakt mit deinem inneren Kind?

Wie Dostojewski so weise sagte, die Seele wird geheilt, wenn man Zeit mit Kindern verbringt.

Wenn wir erwachsen werden, vergessen wir manchmal, dass wir das Leben nicht so ernst nehmen müssen. Den Kontakt zu unserem inneren Kind herzustellen ist eines der aufregendsten Dinge, die wir tun können und therapeutisch sind sie noch dazu. Was gibt es Besseres, als sich von unseren Kindern daran erinnern zu lassen, wie es sich anfühlt, unbeschwert zu leben? Wir mögen denken, dass wir als Erwachsene dafür verantwortlich sind, unseren Kindern etwas beizubringen, jedoch sind wir ständig lernende Wesen und auch du wirst feststellen, dass dein Kind dir das eine oder andere beibringen kann, zum Beispiel was es bedeutet, Spaß zu haben.

Jede noch so banale Aufgabe wirkt in den Augen eines kleinen, neugierigen Kindes gleich wie etwas ganz Besonderes. Es bereitet nicht nur deinem Gegenüber Freude, sondern hilft auch dir wieder Kontakt zu deinem inneren Kind zu finden und das Leben etwas weniger Ernst zu nehmen.

Es gibt doch nichts Schöneres als die Zeit, die man mit seinen Liebsten verbringen kann. Spaß haben ist wirklich eines der einfachsten Dinge, die es gibt, genießt die gemeinsame Zeit und habt Freude an dieser Bucket-List!

Wie gut kennst du dein Kind?

Du denkst dir vielleicht, du weißt alles über deinen Sohn, deine Tochter oder dein Enkelkind, was es zu wissen gibt. Das Lieblingsessen, die liebste Gute-Nacht-Geschichte, die vor dem Einschlafen gerne gehört wird, das Spielzeug, womit niemand anders spielen darf und vieles mehr. Doch es gibt noch so viel zu entdecken! Es gibt keinen besseren Weg, jemanden kennenzulernen und die Bindung zu diesem Menschen zu vertiefen, als Zeit mit ihm zu verbringen und Dinge zusammen zu erleben. Du wirst herausfinden, wie dein Kind oder dein Enkelkind reagiert, wenn es vor Herausforderungen steht, wie es mir Ängsten umgeht und diese lernt zu überwinden. Du wirst auch sehen, dass Frustration auftreten kann, wenn etwas nicht so läuft wie geplant. Ihr könnt euch gegenseitig noch mal ganz anders erleben und die Freude und Begeisterung über die gemeinsame Zeit teilen. Oft kommen alltägliche Dinge wie die Schule oder der Job zwischen die gemeinsame Zeit. Doch dieses Buch macht Freude auf Tatendrang und liefert viele Ideen für gemeinsame Momente! Dies ist eine Entdeckungsreise, die ihr beide erleben werdet, eine Reise, die eure Bindung vertiefen wird und euch näher zueinander bringen wird.

Wie viele davon werdet ihr erreichen können?

Mit diesem Buch kannst du nicht nur all die Momente festhalten, es enthält auch jede Menge Ideen, wie ihr gemeinsam tolle Abenteuer erleben könnt. Alles, was ihr gemeinsam ausprobiert, kann sogar zu einem neuen Hobby werden. Man kann die Wettbewerbsnatur des Kindes herausfordern und jede Woche etwas unternehmen, auf das sich dein Enkel oder dein Kind freuen kann.

Ob Oma und Opa mit dem Enkel oder Eltern mit ihren Kindern, für alle ist etwas Unvergessliches dabei, woran man sich gerne noch lange Zeit erinnert. Die Kinder werden eure Erlebnisse voller Begeisterung bei der nächsten Familienfeier erzählen. Übrigens kann man alle Aktivitäten im Buch auch zu dritt oder zu viert problemlos genießen.

Diese Erinnerungen werden für immer in euren Herzen bleiben, aber warum nicht auch ein Album daraus machen, um es mit deinen Freunden und dem Rest der Familie zu teilen? Du kannst dafür dein Handy verwenden oder sogar old-school eine Einwegkamera nutzen und den Nervenkitzel erleben, wenn ihr die Fotos entwickeln lasst.

Ist dein Enkelkind dieses Wochenende zu Besuch? Ist dein Kind gerade mit den Hausaufgaben fertig und ihr beide habt etwas Freizeit, um etwas zusammen zu unternehmen? Dann könnt ihr dieses Buch zur Hand nehmen und schauen, welche Aktivitäten ihr schon abhaken könnt oder welche ihr in Angriff nehmen wollt. Es sind Erlebnisse dabei, die ihr zwischendurch mal machen könnt, wenn man mal nicht ganz so viel Zeit hat. Und wiederum Aktivitäten, für die man sich gerne den ganzen Tag Zeit nimmt. Für jeden Tag ist etwas dabei, egal ob du gerade eher mehr oder eher weniger Zeit mit deinem Kind hast.

Los geht's!

Damit ihr den Überblick behaltet, habe ich die Bucket-List in drei Kapitel aufgeteilt:

- Dinge, die ihr fast nebenbei drinnen und draußen erledigen könnt
- Dinge, bei denen ihr euch Zeit nehmen solltet im Haus oder in der Wohnung (wenn es mal regnet zum Beispiel)
- Dinge, bei denen ihr euch Zeit nehmen solltet und die ihr draußen erleben könnt

DINGE DIE IHR FAST NEBEN-BEI UND SCHNELL INNEN UND AUßEN ERLEDIGEN KÖNNT

1. ☑ Ein Buch kaufen für eine Bucket List

2. ☐ **Singt doch mal gemeinsam ein Lied**

3. ☐ **MACHT DOCH MAL EINE KISSENSCHLACHT MIT GANZ VIELEN KISSEN**

4. ☐ HEADBANGEN BEI ROCKMUSIK. IHR HABT DAS DOCH ALLE SCHONMAL GESEHEN

5. ☐ Ein Wettrennen mit den Fahrrädern bis zur nächsten Kurve

6. ☐ In einen frisch aufgehäuften Laubhaufen springen

7. ☐ Eine Höhle bauen mit Stühlen und Tischen

8. ☐ EIN LUSTIGES SELFI MACHEN (MACHT MEHRERE UND SUCHT EUCH DAS BESTE AUS)

9. ☐ EIN KLOMONSTER BASTELN. IHR KENNT ES NICHT? GUCKT AUF DIE ZEICHNUNG :)

10. ☐ EIN STEIN ÜBER DAS WASSER TITSCHEN LASSEN. WIE OFT TITSCHT ER AUF?

11. ☐ Einen Schwertkampf austragen (mit Besenstil und/oder Staubsaugerrohr)

12. ☐ Erzählt euch gegenseitig den größten Traum den ihr habt

13. ☐ **Ein Auto lenken. Lasst euch nicht erwischen ;)**

14. ☐ Auf einem Motorrad sitzen (vielleicht dürft ihr auch mal den Motor starten)

15. ☐ **IN EINE ZITRONE BEIßEN UND DABEI NICHT DAS GESICHT VERZIEHEN**

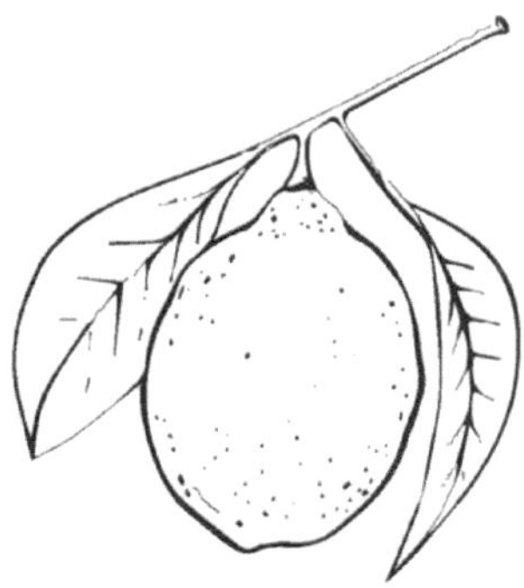

16. ☐ Einen Apfel von Nachbars Baum stehlen Da fällt mir ein….was ist schlimmer als einen ganzen Wurm im abgebissenen Apfel zu finden? Einen halben Wurm :)

17. ☐ Über eine Hecke springen. Passt auf das sie nicht so hoch ist:)

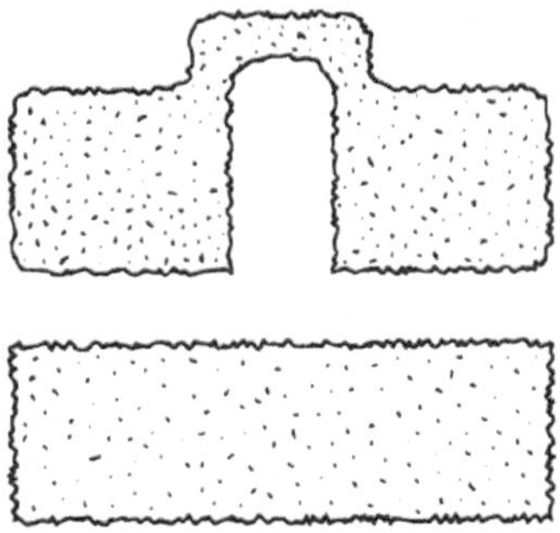

18. ☐ **Einen Klingelstreich machen und dann schnell wegrennen**

19. ☐ IN EINE GROßE PFÜTZE SPRINGEN. DAS MACHT WAHNSINNIG VIEL SPAß

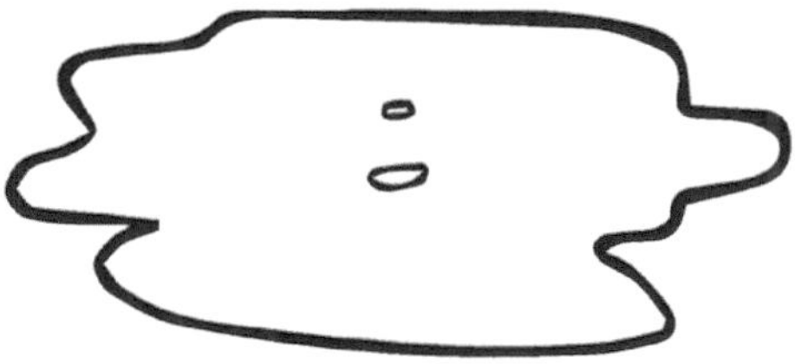

20. ☐ Gegenseitig das Gewicht schätzen, danach natürlich überprüfen :)

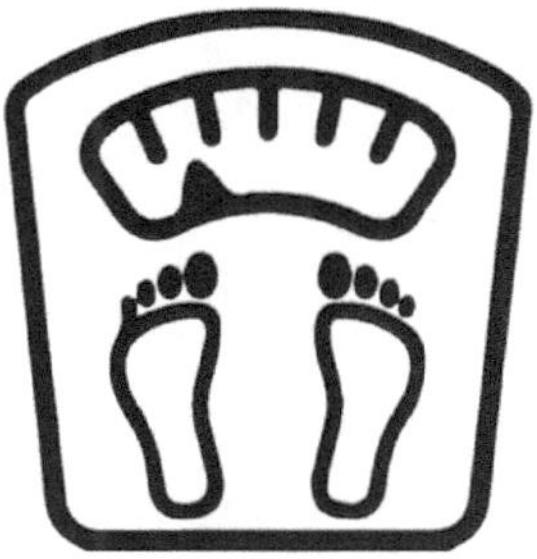

21. ☐ Popcornschlacht? Ja klar, ich bin dabei

22. ☐ SICH MIT KLOPAPIER EINWICKELN UND SO IN EINE MUMIE VERWANDELN

23. ☐ Schnitzt eure Initialen in einen Baum. Nehmt aber am besten einen gefällten Baum damit ihr keinen lebendigen schädigt

24. ☐ ERDNÜSSE HOCHWERFEN UND MIT DEM MUND AUFFANGEN. IHR KÖNNT NATÜRLICH AUCH GUMMIBÄRCHEN NEHMEN

25. ☐ DAS BESTE VERSTECK IST UNTER DEM BETT. PROBIERT ES AUS

26. ☐ Auf dem Bett hüpfen, am besten wenn keiner darunter liegt:)

27. ☐ Malt doch ein Bild mit Tusche

28. ☐ MIT EINEM PFEIL UND BOGEN SCHIEßEN

29. ☐ KFZ-Kennzeichen raten. Na….Wo kommt das Auto vor uns her?

30. ☐ AUCH BIENEN WOLLEN EIN SCHÖNES ZUHAUSE HABEN. SÄHT EINE BLUMENWIESE FÜR BIENEN

31. ☐ Baut eine Sandburg in der Sandkiste oder am Strand

32. ☐ KENNT IHR FLASCHENDREHEN? SPIELT DAS ZUSAMMEN. GERNE MIT DEN GESCHWISTERN.

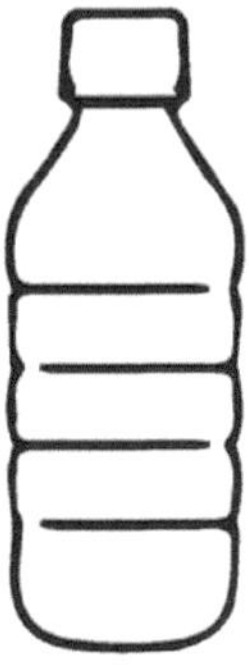

33. ☐ IHR HABT DOCH BESTIMMT EINE WIESE IN DER NÄHE. PFLÜCKT DOCH MAL ZUSAMMEN EINEN BLUMEN-STRAUß

34. ☐ **Auf einen Baum klettern. Aber nicht zu Hoch!**

35. ☐ EINEN KNOTEN LERNEN.
FANGT GANZ EINFACH AN

36. ☐ Lachen bis die Tränen kommen :)

37. ☐ Bringt Futter für die Tiere ins Tierheim. Vielleicht fragt ihr vorher nach was benötigt wird

38. ☐ SICH GEGENSEITIG MIT EINEM WASSERSCHLAUCH ABSPRITZEN

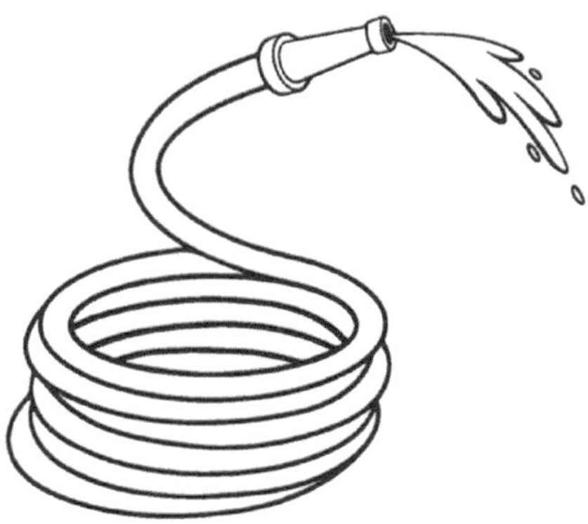

39. ☐ MACHT EINE WASSERBOMBENSCHLACHT

40. ☐ Den schönsten Moment in seinem Leben erzählen. Ihr werdet strahlen

41. ☐ Erzählt euch eine lustige Geschichte

42. ☐ EINEN WITZ ERZÄHLEN (DER WURM WITZ ZÄHLT NICHT)

43. ☐ Schneeflocken mit der Zunge fangen

44. ☐ EINEN PAPIERFLIEGER BASTELN UND FLIEGEN LASSEN

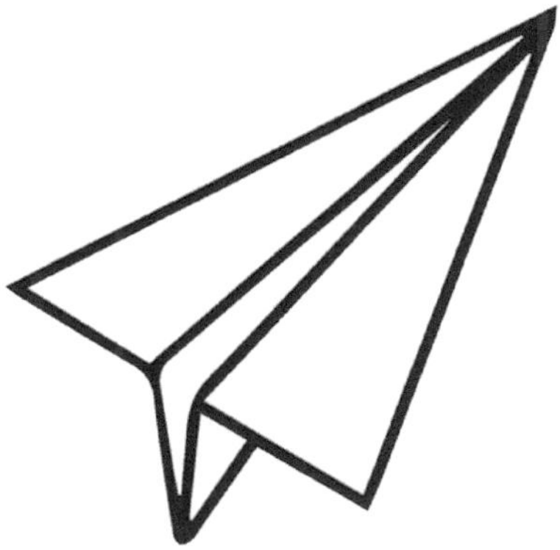

45. ☐ FINDET EINEN GRASHÜPFER. GENAU HINSCHAUEN IST HIER GEFRAGT

46. ☐ Einen Grashüpfer fangen. Da müsst ihr schnell sein

47. ☐ Mehrere Ameisen mit einer Lupe beobachten. Seid ihr aber neugierig :)

48. ☐ WUSSTET IHR, DAS IHR MIT EINER LUPE EIN BLATT ANZÜNDEN KÖNNT

49. ☐ Sich gegenseitig ins Bett bringen. Es geht auch mal anders herum

50. ☐ SCHOKOKUSS- WETTESSEN GEHT IMMER. AUCH ÖFTERS HINTEREINANDER :)

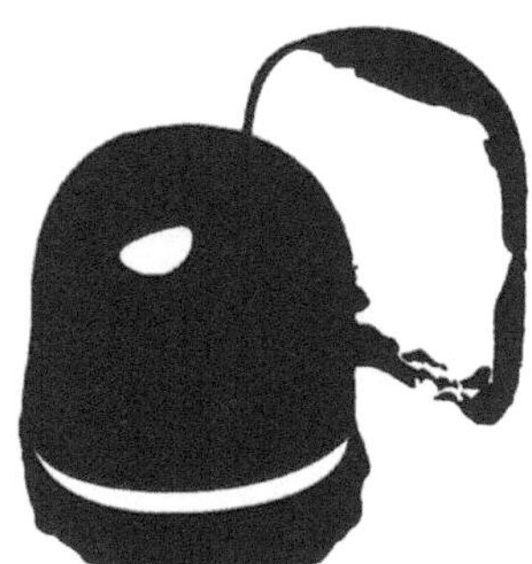

51. ☐ HABT IHR SCHONMAL EIERLAUFEN ÜBER EINEN HINDERNISPARCOURS GEMACHT? ES GEHT AUCH EIN TISCHTENNISBALL

52. ☐ Beim Sackhüpfen um die Wette war ich immer erster. Wie sieht das bei euch aus?

53. ☐ Wer ist stärker? Armdrücken ist angesagt

54. ☐ Kennt ihr Fingerhakeln wie es in Bayern gemacht wird? Probiert es aus

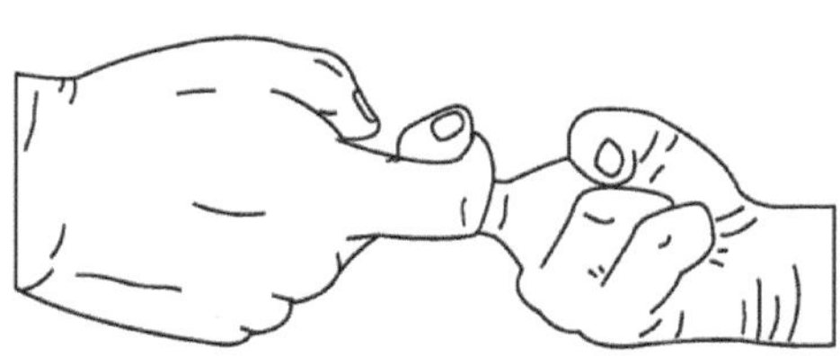

55. ☐ Münzen schnipsen ist genial. Nehmt Kleingeld und schnipst es so nah wie möglich an die Hauswand. Wer näher dran ist, hat gewonnen

56. ☐ MAL ZUR ARBEIT GEBRACHT WERDEN, DAS IST WAS GANZ NEUES.

57. ☐ SICH ZUR SCHULE/ KINDERGARTEN BRINGEN LASSEN, DAS HABT IHR BESTIMMT SCHON ÖFTERS GEMACHT

58. ☐ Für ein Tattoo ist man nie zu jung. Macht euch gegenseitig ein Klebetattoo

59. ☐ BEIM ÜBERQUEREN DER STRASSE AUF EINEM ZEBRASTREIFEN NUR AUF DIE WEIßEN STREIFEN TRETEN. (MACHT MAN DOCH IMMER SO, ODER?!)

60. ☐ WEITWURFPROFI. EINEN GEGENSTAND EURER WAHL BIS ANS ENDE DER WELT WERFEN

61. ☐ **GETEILTES LEID IST HALBES LEID. HELFT EUCH GEGENSEITIG BEIM AUFRÄUMEN. DANACH GIBT'S BESTIMMT NE BELOHNUNG**

62. ☐ DIE HAUSAUFGABEN MÜSSEN GEMACHT WERDEN. ABER ZUSAMMEN!

63. ☐ Gemeinsam für eine Klassenarbeit pauken

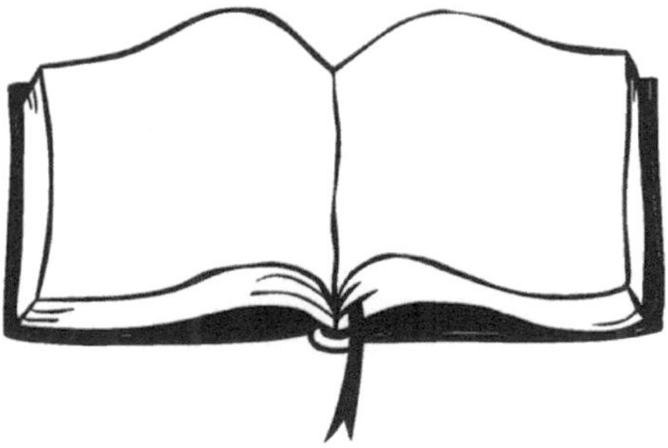

64. ☐ Himmel und Hölle spielen. Ihr kennt es nicht? Schaut auf das Bild

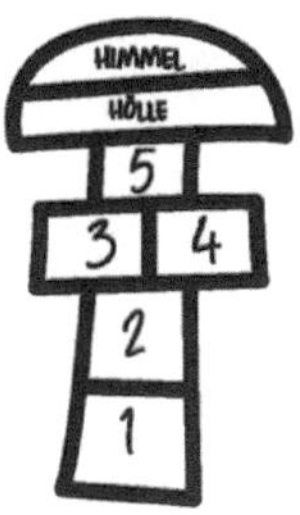

65. ☐ **Nehmt einen Hula Hoop Reifen und lasst ihn kreisen**

66. ☐ Kennt ihr noch ein Jo-Jo? Gemeinsam Jo-Jo spielen. Könnt ihr auch Tricks?

67. ☐ Schaut euch um.. Ich sehe was, was du nicht siehst

68. ☐ SEIFENBLASEN FANGEN IST GAR NICHT SO SCHWER

69. Spiegelbild spielen. Setzt euch gegenüber von einander und der eine macht den anderen nach

70. Kenn ihr den größten Wunsch des anderen? Erzählt ihn euch

71. ☐ Erzählt euch was Ihr euch kaufen würdet wenn ihr ganz viel Geld habt

72. ☐ ERSCHRECKT JEMANDEN, ALS GESPENST VERKLEIDET, MIT EINEM BETTLACKEN ÜBER DEM KOPF

73. ☐ Beobachtet einen Müllwagen bei der Arbeit

74. ☐ BEOBACHTET EIN BAGGER BEI DER ARBEIT

75. ☐ EINE FLUGZEUG IM HIMMEL FINDEN UND RATEN WO ES HERKOMMT UND HINFLIEGT. IHR
KÖNNT UNTER FLIGHTRADAR24.COM SCHAUEN OB IHR RECHT HATTET

76. ☐ Einen Brief von Hand schreiben und dann verschicken

77. ☐ Eine Postkarte mit tollem Motiv aussuchen und an Freunde verschicken

78. ☐ KNABBERKRAM IM BETT ESSEN UND DABEI KRÜMELN. DA HABE ICH GLEICH DAS KRÜMELMONSTER VOR AUGEN

79. ☐ Zusammen in einem Kettenkarussell fahren ist ein Muss.

Viel Spaß dabei

80. ☐ **SPRINGT ZUSAMMEN AUF EINEM TRAMPOLIN**

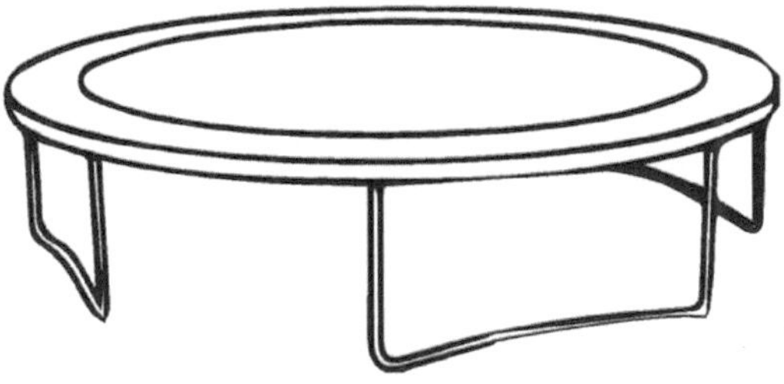

81. ☐ FAHRT ZUSAMMEN MIT DER U-BAHN

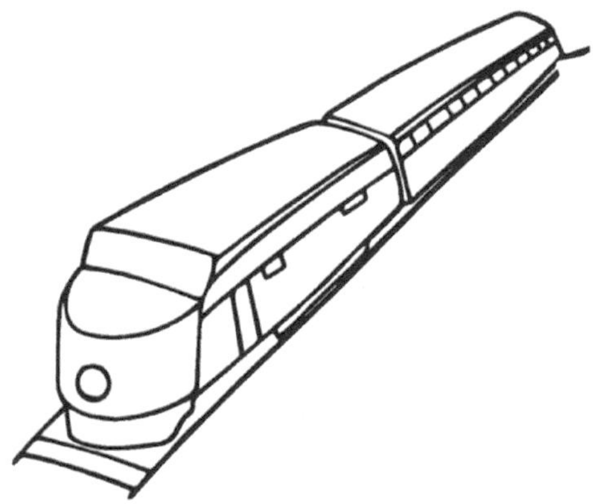

82. ☐ Zählt das Alter eines gefällten Baumes

83. ☐ GEHT EINEN GEPFLASTERTEN WEG ENTLANG UND ES DARF NUR JEDER ZWEITE STEIN BETRETEN WERDEN

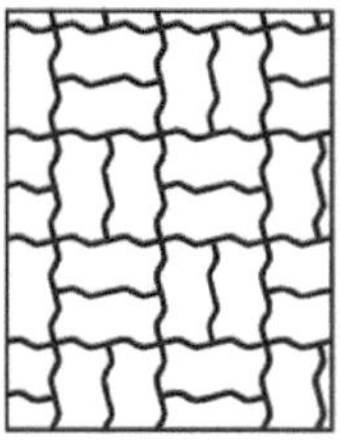

84. ☐ **Spielt die Erde ist Lava**

85. ☐ Rolle seitwärts einen Hügel herunter

86. ☐ SAMMLE FRÜCHTE VON STRÄUCHERN (HIMBEEREN, BROMBEEREN ETC.) MACHE DAS BITTE NUR MIT ERWACHSENEN!

87. ☐ FANGE EIN BLATT DAS GERADE VOM BAUM FÄLLT

88. ☐ Sammelt Steine und behaltet sie, denn das bemalen kommt später noch

89. ☐ Umarmt doch einfach mal einen Baum

90. ☐ SCHREIT DOCH MAL SO LAUT IHR NUR KÖNNT

91. ☐ Ich weiß ihr könnt es...
Chinesisch sprechen, zumindest soll es so klingen

92. ☐ STREICHELT EIN BABY TIER

93. ☐ MACHT EINE ROLLE VORWÄRTS

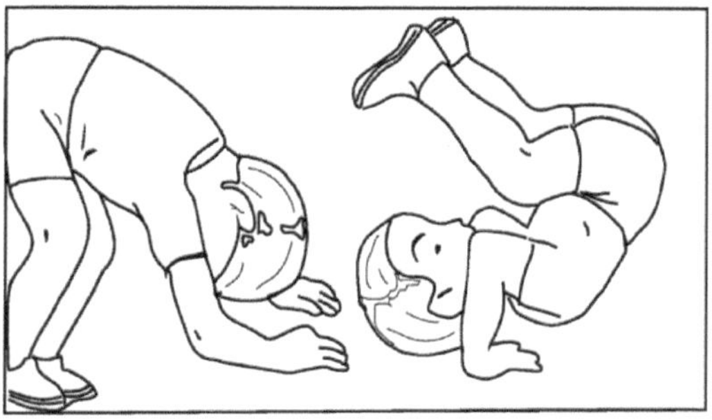

94. ☐ MACHT EINE ROLLE RÜCKWÄRTS

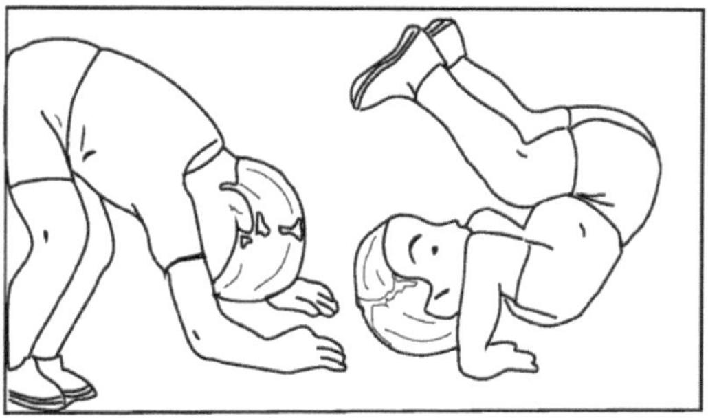

95. ☐ **Jetzt erzählt doch mal einen Fritzchen Witz**

96. ☐ Sprühsahne direkt aus der Dose in den Mund sprühen

97. ☐ EUCH FÄLLT BESTIMMT JEMAND EIN DEM IHR EINEN STREICH SPIELEN KÖNNT

98. ☐ Wer macht den weitesten Weitsprung

99. ☐ **WER VON EUCH BAUT DEN HÖCHSTEN LEGO TURM**

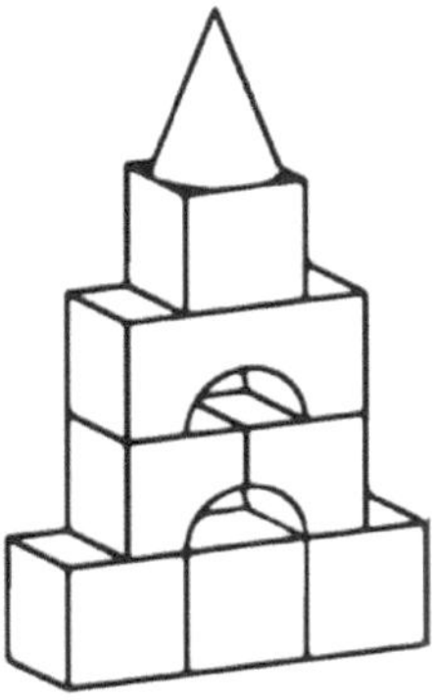

100. ☐ WER SAMMELT AM SCHNELLSTEN DIE MEISTEN MUSCHELN IM SAND. IHR HABT EINE MINUTE ZEIT....

101. STELLT EUCH VOR IHR KÖNNTET ZAUBERN. VERZAUBERT DIE WELT UM EUCH HERUM. HEX HEX

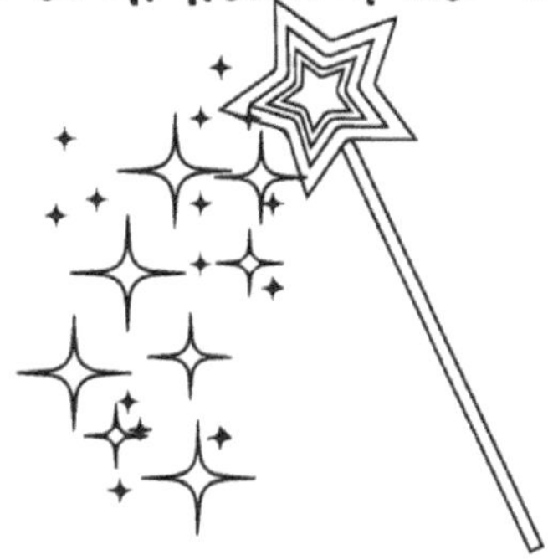

102. Pustet einen Luftballon auf bis er platzt

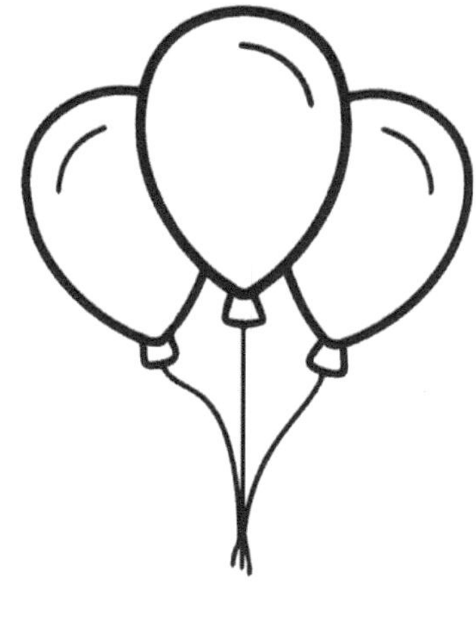

103. ☐ Setzt euch zusammen trinkt Tee und esst einen Keks den ihr vorher in den Tee tunkt. Mache ich immer so, ist doch normal oder??

104. ☐ **Die tollste Aufgabe... Bonbons essen bis einem schlecht ist (das geht schnell und auch nebenbei:)**

105. ☐ Balanciert auf einem Baumstamm

106. ☐ ERFINDET EINE GEHEIMSPRACHE

107. ☐ ICH BIN MAL GESPANNT WIE ES AUSSIEHT WENN IHR EUCH GEGENSEITIG IN EINER SCHUBKARRE DURCH DEN GARTEN SCHIEBT

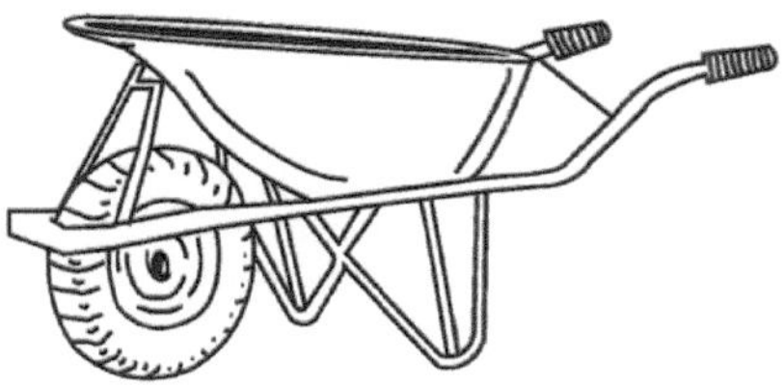

108. ☐ EINEN EISZAPFEN LECKEN. ACHTET HIERBEI DARAUF WO DER EISZAPFEN HERKOMMT. HAT DER SCHNEE GELBE ODER GRÜNE FLECK-EN, DARFST DU NICHT DRAN LECKEN. IST ER WEIß UND KLAR, SCHMECKT ER WUNDER-BAR." *BÄRENBRÜDER*

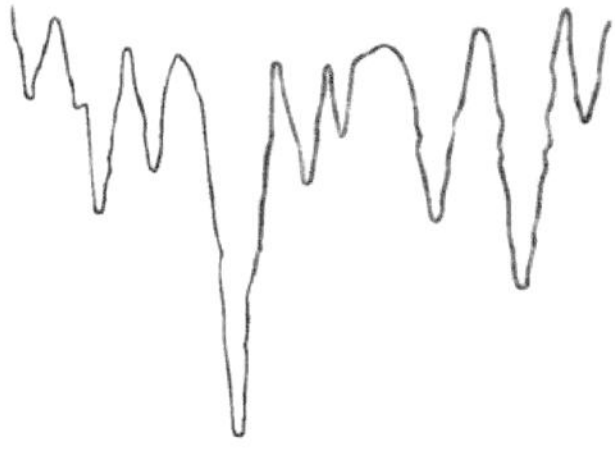

109. ☐ Ihr habt Rollschuhe oder Inlineskates? Einer fährt Fahrrad der zweite hängt sich dahinter

110. ☐ SPIELT ZUSAMMEN SCHERE, STEIN, PAPIER

111. ☐ ZÄHLT BEI DER NÄCHSTEN AUTOFAHRT MAL DIE VERKEHRSZEICHEN AN DER STRAßE

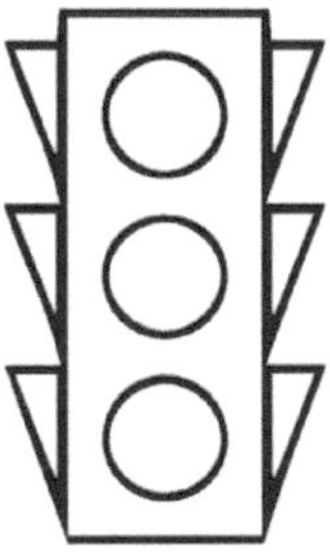

112. ☐ Eine Kaugummiblase machen

113. ☐ Seilspringen sollte man viel öfters machen. Los geht s

114. ☐ BEIM BACKEN DIE SCHÜSSEL AUSLECKEN. FRAGT VORHER WAS ES FÜR EIN TEIG IST. HEFETEIG SCHMECKT NICHT SO DOLL

DINGE, DIE SIE SICH FÜR DIE ZEIT IN DER WOHNUNG / IM HAUS NEHMEN SOLLTEN

115. ☐ Zusammen ins Theater gehen und ein spannendes Stück ansehen

116. ☐ EINE HALS- ODER ARMKETTE BASTELN (SUCHT EUCH MATERIAL AUS)

117. ☐ ZUSAMMEN PLÄTZCHEN BACKEN UND VERZIEREN

118. ☐ Schnitzt eine Figur mit dem Taschenmesser und wenn euch schnitzen gefällt habe ich noch eine tolle Sache für euch weiter hinten im Buch*

119. ☐ EINEN SCHATZ FINDEN (VIELLEICHT WURDE ER VORHER AUCH VON EUCH VERSTECKT)

120. ☐ **Eine Laterne basteln und mit ihr im dunkeln spazieren gehen**

121. ☐ **Einen Gipsabdruck von der Hand machen**

122. ☐ **GIEßT DOCH SELBER MAL EINE KERZE**

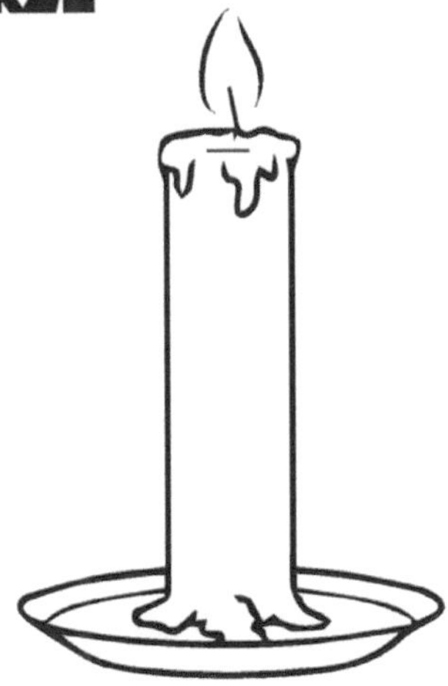

123. ☐ EIN KASTANIENMÄNNCHEN BAUEN

124. ☐ Gemeinsam das Lieblingsgericht kochen

125. ☐ **Baut ein Vogelhaus und stellt es auf. (Kaufen geht ausnahmsweise auch) Beobachtet wer dort zum Futtern kommt.**

126. ☐ MACHT ZUHAUSE EURE PERSÖNLICHE DISCO MIT LAUTER MUSIK

127. ☐ **Sich gegenseitig eine spannende Geschichte erzählen**

128. ☐ DREHT EIN GEMEINSAMES VIDEO.
KLAPPE DIE ERSTE

129. ☐ **SICH GEGENSEITIG SCHMINKEN**

130. ☐ FÜR 1 STUNDE DIE ROLLEN TAUSCHEN. DAS WIRD BESTIMMT SPANNEND

131. ☐ Spielt zusammen ein lustiges Videospiel

132. ☐ ZEIGT DEM ANDEREN EINEN GEGENSTAND DEN ER NOCH NIE GESEHEN HAT ODER NICHT WUSSTE DAS ES SOWAS GIBT. IHR WERDET GARANTIERT ETWAS FINDEN!

133. ☐ Backt doch mal einen Kuchen für die Nachbarn. Die werden sich freuen.

134. ☐ TÖPFERT EINE FIGUR

135. ☐ Schaut gemeinsam einen traurigen Film

136. ☐ WIE TANZT MAN IN DER DISCO? LOS GEHT'S

137. ☐ TANZT GEMEINSAM EINEN STANDARDTANZ

138. ☐ An einem Fahrrad gibt es immer was zu reparieren. Macht es zusammen

139. ☐ **Verkleidet euch und dann erratet wer der andere ist oder was er darstellt**

140. ☐ EIN THEATERSTÜCK SELBER AUSDENKEN UND VORSPIELEN. DAS HAST DU BESTIMMT NOCH NIE GEMACHT

141. ☐ Zusammen alte Fotos anschauen. Guck mal wie der früher aussah....

142. ☐ **SEIN GEGENÜBER AUF EINEM STÜCK PAPIER MALEN.**

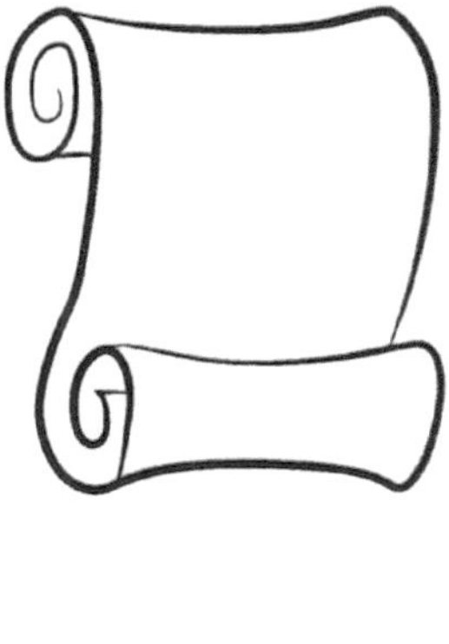

143. ☐ EINE MODENSCHAU VERANSTALTEN UND NEUE KLEIDER VORSTELLEN

144. ☐ Die Lieblingssorte Eis vom anderen erraten und dann natürlich noch essen :)

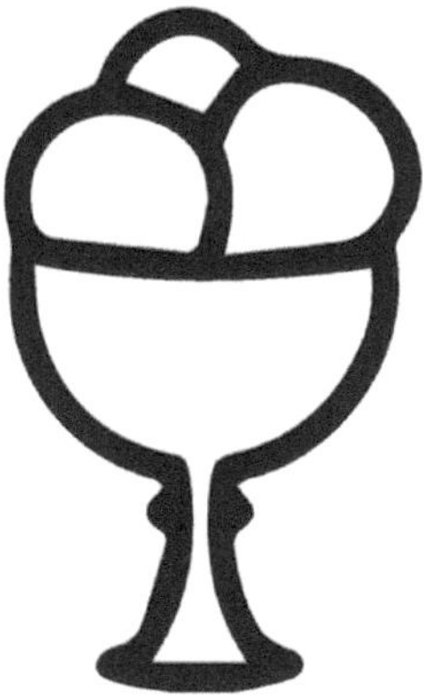

145. ☐ Etwas Gutes tun. Egal was, tut jemanden etwas Gutes

146. ☐ **Bringt euch gegenseitig ein Lied bei, das ihr im Kindergarten/ in der Schule gelernt habt**

147. ☐ Streicht zusammen etwas an.
Egal ob es der Zaun oder die Wand ist

148. ☐ ETWAS AUßERGEWÖHNLICHES KOCHEN.
DA BIN ICH JA MAL GESPANNT

149. ☐ IHR KÖNNT ETWAS ZUSAMMEN NÄHEN

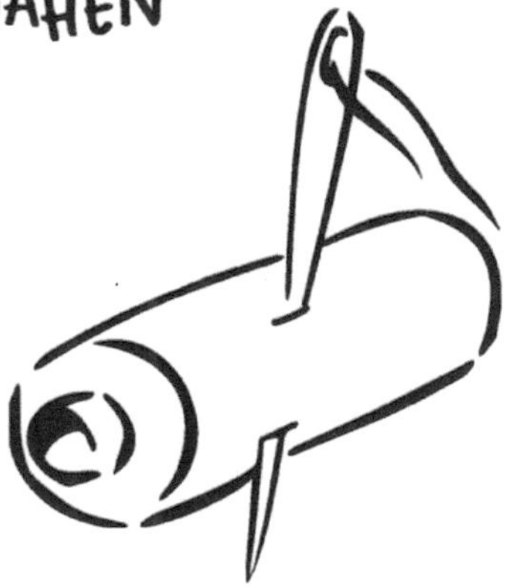

150. ☐ Nehmt euch eine Landkarte und in Gedanken reist ihr in weit entfernte Länder

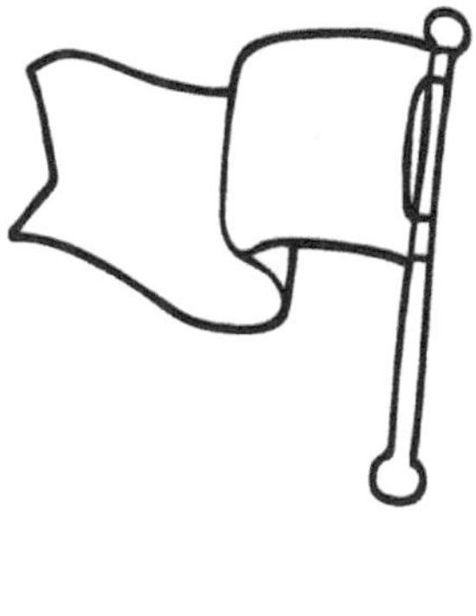

151. ☐ Spielt zusammen ein Musikinstrument

152. ☐ Kauft zusammen online ein

153. ☐ Da ist der Punkt….Bemalt die Steine die Ihr gesammelt habt

154. ☐ ERSTELLT EIN PUSTEBILD (WASSERFARBE AUF EIN MALPAPIER-> MIT STROHHALM VERPUSTEN.)

155. ☐ LÖST GEMEINSAM EIN RÄTSEL.
ZUM BEISPIEL: WELCHE BRILLE TRÄGT
MAN NICHT AUF DER NASE?

156. ☐ Berufe raten. Denk euch einen Beruf aus und macht ihn nach. Der andere muss raten

157. ☐ Malt was schönes mit Fingerfarbe

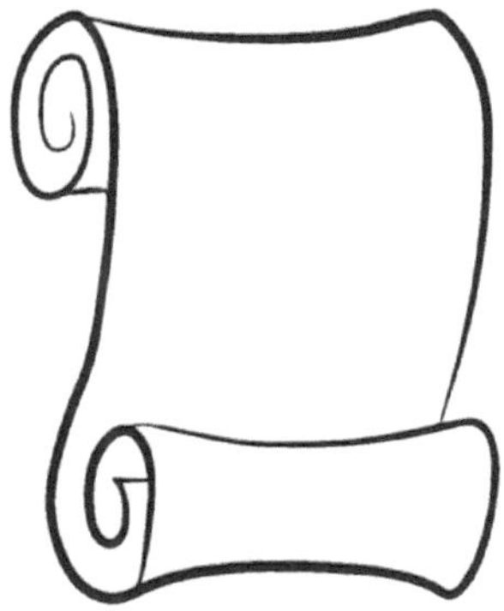

158. ☐ Kocht zusammen eine leckere Marmelade

159. ☐ IHR MÖCHTET EIN TOLLES T-SHIRT HABEN, DANN BEMALT ODER BEDRUCKT ES DOCH EINFACH SELBER

160. ☐ BASTELT DOCH MAL ZUSAMMEN EINEN KARTOFFELSTEMPEL

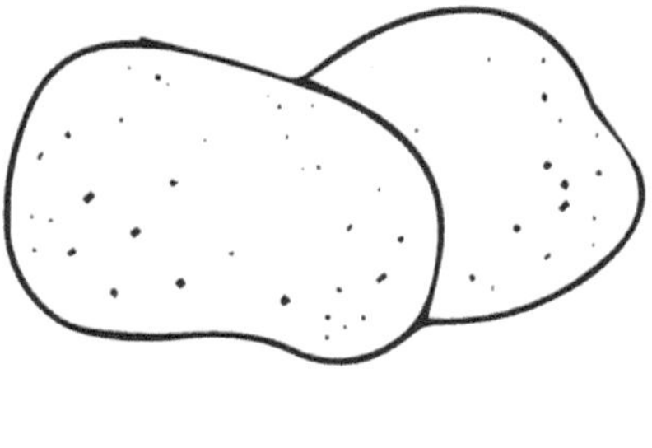

DINGE BEI DENEN IHR EUCH ZEIT NEHMEN SOLLTET DIE IHR DRAUßEN UNTERNEHMEN KÖNNT

161. ☐ **In einem See baden gehen**

162. ☐ **Im Wald verstecken spielen (1,2,3,4 Eckstein, alles muss versteckt sein)**

163. ☐ **EIN LAGERFEUER MACHEN (PASST DABEI BITTE AUF UND MACHT DAS NUR MIT ERWACHSENEN)**

164. ☐ MACHT EINEN STOCKBROTTEIG UND BACKT IHN AM LAGERFEUER

165. ☐ Auf einem Pferd reiten und am besten nicht runterfallen

166. ☐ In den Himmel schauen und Sternenbilder finden

167. ☐ **In den Himmel schauen und sich Figuren/Tiere aus Wolken ausdenken**

168. ☐ **In der Natur in einem Zelt übernachten**

169. ☐ **EINE NACHTWANDERUNG MACHEN (VERGESST DIE TASCHENLAMPE NICHT)**

170. ☐ GEHT INS TIERHEIM UM MIT EINEM TIER GASSI ZU GEHEN

171. ☐ Einen Drachen steigen lassen. Vielleicht habt ihr ihn vorher selber gebaut?

172. ☐ Ein Iglu bauen. Wenn ihr zu wenig Schnee habt, baut es mit Hilfe von Stühlen

173. ☐ GEMÜSE PFLANZEN ...DAZU KOMMEN NOCH WEITERE PUNKTE:)

174. ☐ DAS GEMÜSE BEIM WACHSEN BEOBACHTEN

175. ☐ Gemüse ernten

176. ☐ EINE KLEINE WATTWANDERUNG MACHEN. AM BESTEN MIT WATTFÜHRER. DER ERZÄHLT UND ZEIGT EUCH GANZ TOLLE DINGE

177. ☐ ZU ZWEIT AUF EINEN SUP STEHEN ODER SITZEN UND FAHREN

178. ☐ IM REGEN SCHWIMMEN GEHEN. DAS WIRD EIN SPAß

179. ☐ Seid ihr schon mal Barfuß durch den Wald gelaufen? Los geht's

180. ☐ Ein Picknick auf einer Decke machen und genüsslich das mitgebrachte essen.

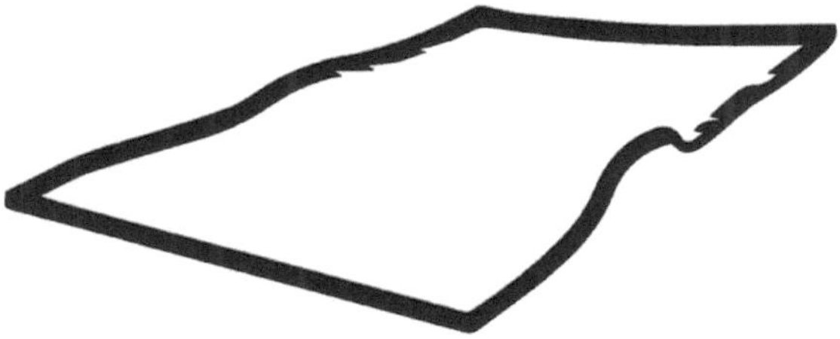

181. ☐ **Eine Schnitzeljagd machen. Das wird ein Spaß**

182. ☐ Ein Baum pflanzen und er wird, genau wie ihr, immer weiter wachsen

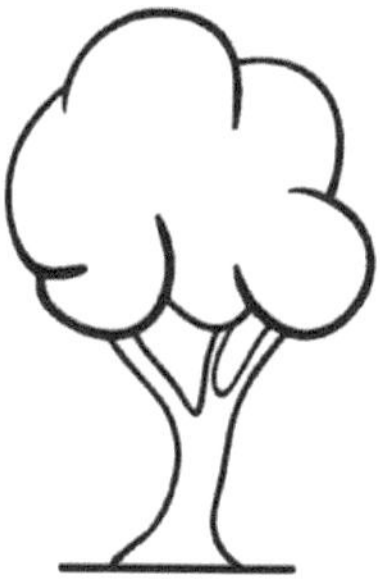

183. ☐ EIN MAUSELOCH IM GARTEN FINDEN. VIELLEICHT SCHAUT DIE MAUS AUCH NOCH HERAUS

184. ☐ Ins Kino gehen und sich zusammen einen tollen Film anschauen

185. ☐ Besucht einen Mikro Zoo (nehmt einen Stein /Gewegplatte hoch der lange auf der Erde lag)

186. ☐ Rettet ein Tier. Auch eine Spinne möchte gerettet werden

187. ☐ **SPIELT MEMORY MIT DINGEN AUS DER NATUR. IHR SUCHT GLEICHE GEGENSTÄNDE IN DER UMGEBUNG. FINDET IHR ZWEI GLEICHE HABT IHR DAS ERSTE PAAR:)**

188. ☐ GEHT ZUSAMMEN IN DEN ZOO

189. ☐ Macht einen großen Waldspaziergang

190. ☐ Schaut euch die Feuerwehr an, Vielleicht darf man auch mal Probe sitzen

191. ☐ EINEN BERG ERKLIMMEN IST EINE HERAUSFORDERUNG. FANGT KLEIN AN UND WENN IHR OBEN SEIT FREUT EUCH ÜBER DIE AUSSICHT

192. ☐ **Eine Zugfahrt ist eine spannende Sache**

193. ☐ **MAL IN EIN ANDERES LAND FAHREN WÄRE DOCH SPANNEND**

194. ☐ EINE NACHT IM STROH/ HEU ÜBERNACHTEN. FRAGT DEN BAUERN UM DIE ECKE ODER SUCHT NACH EINEM HEU HOTEL:)

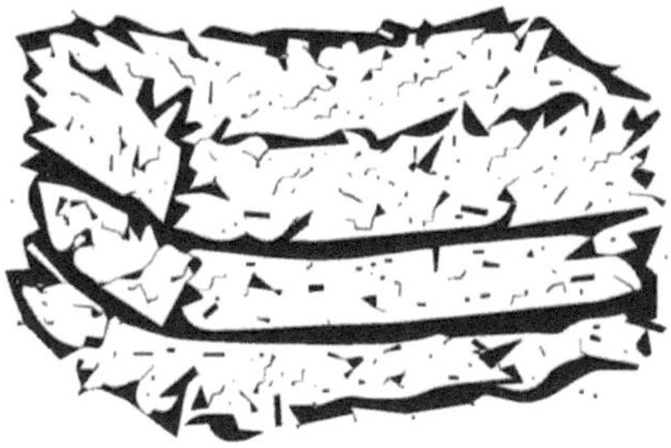

195. ☐ Grillt zusammen. Das ist soooooo lecker

196. ☐ Fahrt zusammen Bus. Hinten oder ganz vorne sitzen?

197. ☐ **Eine Seefahrt die ist lustig.... Zusammen auf einem Schiff fahren**

198. ☐ Zusammen Paddelboot fahren. Wechselt euch beim paddeln ab oder paddelt zusammen

199. ☐ **LEIHT EUCH EIN TRETBOOT UND FAHRT NE RUNDE**

200. ☐ FRISCHE MILCH VOM BAUERN HOLEN (EVTL. SOGAR MAL BEIM MELKEN ZUSCHAUEN ODER HELFEN)

201. ☐ Tolle Blumen zusammen einpflanzen

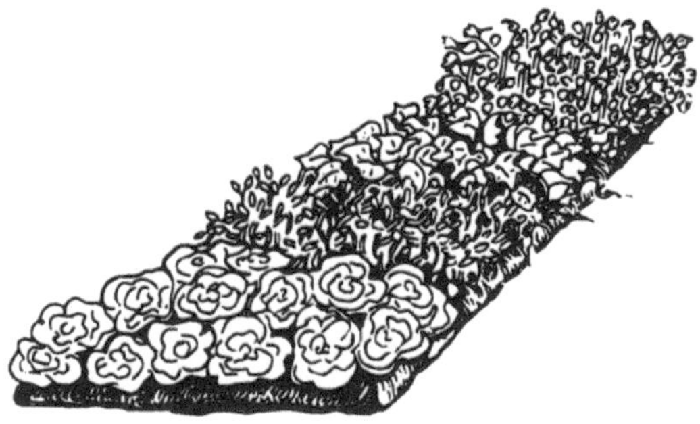

202. ☐ HABT IHR EIN SCHLOSS ODER EINE BURG IN DER NÄHE? SCHAUT SIE EUCH AN.

203. ☐ Geht eine Runde Gokart fahren und zeigt wer der schnellere ist

204. ☐ HORCHT IN EINEM WALD NACH GERÄUSCHEN. EINFACH MAL 5 MIN STILL SEIN UND IN DEN WALD HINEINHORCHEN

205. ☐ Geht in der Natur einfach mal Querfeldein, vielleicht entdeckt ihr was besonderes

206. ☐ Kocht und esst draußen z.B. auf einem Gaskocher

207. ☐ GEHT IN DEN WALD UND VERBINDET EUCH DIE AUGEN BEIM ABTASTEN EINES BAUMES. MACHT DIE AUGENBINDE AB UND ERKENNT DEN BAUM WIEDER

208. ☐ ENTDECKT IM SCHNEE ODER IM MATSCH TIERSPUREN

209. ☐ Grillt Marshmallows aufgespießt auf einem Stock über dem Feuer

210. ☐ Geht zusammen in den Hochseilgarten und zeigt wie mutig ihr seid

211. ☐ **Fange Fische mit einem Kescher**

212. ☐ **Veranstalte ein Schneckenrennen. Nehmt euch dafür Zeit :)**

213. ☐ **FINDE DEN WEG NUR MIT EINER KARTE UND EINEM KOMPASS**

214. ☐ BAUT ETWAS WAS SCHWIMMT.

DABEI SIND EUCH UND EURER FANTASIE KEINE GRENZEN GESETZT.

215. ☐ Geht auf einen Flohmarkt und schnüstert ein wenig

216. ☐ Verschickt eine Flaschenpost. Vielleicht bekommt ihre eine Antwort:)

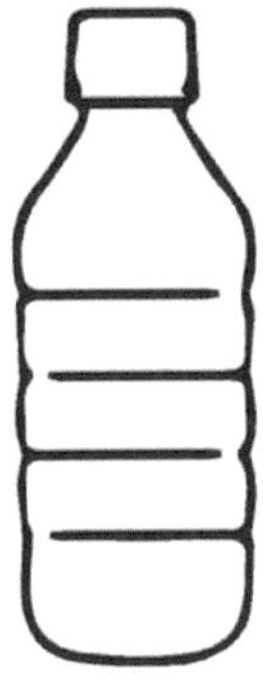

217. ☐ GEHT ZUSAMMEN ERDBEEREN PFLÜCKEN

218. ☐ Baut in einem Bach einen Staudamm

219. ☐ **GEHT AN DEN SEE UND FÜTTERT ENTEN**

220. ☐ SPIELT IM MATSCH UND SAUT EUCH MAL SO RICHTIG EIN. KEINE ANGST SCHWEINE MACHEN DAS JEDEN TAG :)

221. ☐ IHR WISST DOCH SICHERLICH WO DIE EIER HERKOMMEN. GEHT AUF EINEN HÜHNERHOF UND SAMMELT FRISCH GELEGTE EIER EIN

222. ☐ Sammelt auf dem nächsten Spaziergang Müll ein der am Rand liegt. Die Umwelt wird es euch danken

Schlusswort

Es spielt keine Rolle, ob ihr es geschafft habt, die ganze Bucket-List durchzugehen oder nur einen Teil davon. Dies soll ein Leitfaden sein, damit euch keine Ideen ausgehen, wenn es wieder heißt, einen Tag oder ein Wochenende mit dem Enkelkind oder dem Kind zu verbringen. Vielleicht habt ihr viele Aktivitäten in diesem Buch gefunden, die euch so gut gefallen haben, dass ihr sie immer wieder erleben möchtet. Und wiederum gibt es vielleicht Erlebnisse, zu denen ihr nicht gekommen seid. Ich kann euch nur ans Herz legen, geht das gesamte Buch gemeinsam durch. Es wird Abenteuer geben, von denen ihr gar nicht dachtet, dass sie euch gefallen könnten!

Mein Ziel mit diesem Buch ist es, dich als Opa, als Oma, als Mama oder Papa mit eurem Kind oder Enkelkind näher zusammenzubringen. Kinder haben heutzutage nicht dieselbe Kindheit wie du und ich. Sie verbringen viel Zeit vor Bildschirmen, ob der Fernseher, die Konsole oder der PC, das Lernen und Spaß haben ist mit diesen Möglichkeiten auf ein neues Level gestiegen, keine Frage. Jedoch gibt es nicht Schöneres, als draußen bei Aktivitäten und Abenteuern gemeinsam Zeit zu verbringen, denn diese Zeit wird allen beteiligten in Erinnerung bleiben.

"Während wir versuchen, unseren Kindern alles

über das Leben beizubringen, bringen uns

unsere Kinder bei, worum es im Leben geht"

Angela Schwindt

Unsere Aufgabe als Eltern oder Großeltern besteht darin, unsere Kinder bestmöglich auf das Leben vorzubereiten, sie zu lehren und ihnen zur Seite zu stehen. Nachdem ihr so viele Abenteuer mithilfe dieses Buches erlebt habt, hat dein Kleiner sicher viel von dir gelernt. Hast du denn auch gemerkt, wie viel du von ihm gelernt hast?

Ich hoffe, dass ich euch beide auf der Reise durch all die in diesem Buch niedergeschriebenen Aktivitäten nicht nur einander näherbringen konnte, sondern auch dazu beigetragen habe, zu wachsen und voneinander zu lernen. Ich hoffe, die gemeinsamen Erlebnisse haben euch gemeinsam gestärkt!

Aber der Spaß muss hier nicht enden!

Ihr habt nun viele verschiedene Dinge ausprobiert und habt wahrscheinlich einige Favoriten, die ihr jederzeit mit eurem Kind oder Enkelkind wiederholen könnt oder in einer größeren Gruppe bei Familientreffen mit anderen Kindern und Enkeln unternehmen könnt.

***Euch hat das Thema Schnitzen neugierig gemacht?**

Dann kann ich euch nur das Buch „SCHNITZEN FÜR KINDER-wertvolle Grundlagen zu einem kreativen Handwerk" empfehlen. Auch in dieses Buch habe ich viel Herzblut investiert und kann es euch nur nahe legen!

Ihr findet es unter meinem Autorenprofil bei Amazon.

Ich würde mich über ein Feedback freuen!

Bei Fragen und Anregungen, kontaktieren Sie mich gerne per Email an:

Chr-nig@web.de

Haftungsausschluss

Die Umsetzung aller enthaltenen Informationen, Anleitungen und Strategien dieses Werkes erfolgt auf eigenes Risiko. Für etwaige Schäden jeglicher Art kann der Autor aus keinem Rechtsgrund eine Haftung übernehmen. Für Schäden materieller oder ideeller Art, die durch die Nutzung oder Nichtnutzung der Informationen bzw. durch die Nutzung fehlerhafter und/oder unvollständiger Informationen verursacht wurden, sind Haftungsansprüche gegen den Autor grundsätzlich ausgeschlossen. Ausgeschlossen sind daher auch jegliche Rechts- und Schadensersatzansprüche. Dieses Werk wurde mit größter Sorgfalt nach bestem Wissen und Gewissen erarbeitet und niedergeschrieben. Für die Aktualität, Vollständigkeit und Qualität der Informationen übernimmt der Autor jedoch keinerlei Gewähr. Auch können Druckfehler und Falschinformationen nicht vollständig ausgeschlossen werden. Für fehlerhafte Angaben vom Autor kann keine juristische Verantwortung sowie Haftung in irgendeiner Form übernommen werden.

Urheberrecht

Rechtliches & Impressum

Eine Haftung des Autors beziehungsweise des Verlags beim durchführen der Aufgaben für jegliche Personen-, Sach- und Vermögensschäden ist ausgeschlossen. Sie führen die Aufgaben der Bucket List auf eigene Gefahr durch.

Die unvergessene Bucket List für Eltern oder Großeltern

222 Dinge die du mit deinem Kind/ Enkel erleben kannst

1. Auflage 2021

Autor: Ben Elmendorf

Verlag & Druck: Christine Nigrini

Friesenweg 5

26388 Wilhelmshaven

Für Fragen und Anregungen:

chr-nig@web.de

Printed in Poland
by Amazon Fulfillment
Poland Sp. z o.o., Wrocław

82696177R00077